Mon album illustré bilingue

我的双语图画书

Les plus beaux contes pour enfants de Sefa en un seul volume

Ulrich Renz • Barbara Brinkmann:

Dors bien, petit loup · 好梦，小狼仔

Hǎo mèng, xiǎo láng zǎi

À lire à partir de 2 ans

Cornelia Haas • Ulrich Renz:

Mon plus beau rêve · 我最美的梦乡

À lire à partir de 2 ans

Ulrich Renz • Marc Robitzky:

Les cygnes sauvages · 野天鹅

Yě tiān'é

D'après un conte de fées de Hans Christian Andersen

À lire à partir de 5 ans

© 2024 by Sefa Verlag Kirsten Bödeker, Lübeck, Germany. www.sefa-verlag.de

Special thanks to Paul Bödeker, Freiburg, Germany

All rights reserved.

ISBN: 9783756304523

Traduction:

Céleste Lottigier (français)

Li Wu (chinois)

Livre audio et vidéo :

www.sefa-bilingual.com/bonus

Accès gratuit avec le mot de passe:

français: **LWFR1527**

chinois: **LWZH3517**

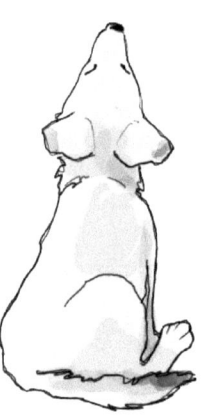

Bonne nuit, Tim ! On continuera à chercher demain.
Dors bien maintenant !

晚安，提姆！我们 明天 再接着 找。现在 先 睡觉 吧！
Wǎn'ān, Tímǔ! Wǒmen míngtiān zài jiēzhe zhǎo. Xiànzài xiān shuìjiào ba!

Dehors, il fait déjà nuit.

窗 外 天 已经 黑 了。
Chuāng wài tiān yǐjing hēi le.

Mais que fait Tim là ?

提姆 在 那儿 做 什么 呢？
Tímǔ zài nàr zuò shénme ne?

Il va dehors, à l'aire de jeu.
Qu'est-ce qu'il y cherche ?

他出去,去游戏场。
Tā chū qù, qù yóuxì chǎng.

他在那儿找什么呢?
Tā zài nàr zhǎo shénme ne?

Le petit loup !

Sans lui, il ne peut pas dormir.

小 狼 仔！
Xiǎo láng zǎi!

没有 小 狼 仔 他就 无法入睡。
Méiyǒu xiǎo láng zǎi tā jiù wúfǎ rùshuì.

Mais qui arrive là ?

谁 来了？
Shéi lái le?

Marie ! Elle cherche son ballon.

是 玛丽！她在找 她的球。
Shì Mǎlì!　　Tā zài zhǎo tā de qiú.

Et Tobi, qu'est-ce qu'il cherche ?

托比 在找 什么 呢？
Tuōbǐ zài zhǎo shénme ne?

Sa pelleteuse.

他 的 挖掘机。
Tā de wājuéjī.

Et Nala, qu'est-ce qu'elle cherche ?

那么 纳拉 在找 什么 呢？
Nàme Nàlā zài zhǎo shénme ne?

Sa poupée.

她的 小 娃娃。
Tā de xiǎo wáwa.

Les enfants ne doivent-ils pas aller au lit ?
Le chat est très surpris.

小 朋友们 不该去 睡觉 吗？
Xiǎo péngyǒumen bù gāi qù shuìjiào ma?

猫咪 心 里很 纳闷。
Māomi xīn lǐ hěn nàmèn.

Qui vient donc là ?

现在 谁 来 啦？
Xiànzài shéi lái la?

Le papa et la maman de Tim !
Sans leur Tim, ils ne peuvent pas dormir.

提姆的爸爸和妈妈!没有 提姆他们 也无法入睡。
Tímǔ de bàba hé māma! Méiyǒu tímǔ tāmen yě wúfǎ rù shuì.

Et en voilà encore d'autres qui arrivent !

Le papa de Marie. Le papi de Tobi. Et la maman de Nala.

那儿又有人来了!
Nàr yòu yǒurén lái le!

玛丽的爸爸,托比的爷爷,还有纳拉的妈妈也来了。
Mǎlì de bàba, Tuōbǐ de yéye, háiyǒu Nàlā de māma yě lái le.

Vite au lit maintenant !

现在 得 快快 睡觉 去了！
Xiànzài děi kuàikuai shuìjiào qù le!

Bonne nuit, Tim !

Demain nous n'aurons plus besoin de chercher.

晚安，提姆！我们 明天 不用 再找 了。

Wǎn'ān, Tímǔ! Wǒ men míngtiān bùyòng zài zhǎo le.

Dors bien, petit loup !

好梦，小狼仔！
Hǎo mèng, xiǎo láng zǎi!

Cornelia Haas • Ulrich Renz

Mon plus beau rêve
我最美的梦乡

Traduction:

Martin Andler (français)

王雁行 (Yanxing Wang) (chinois)

Livre audio et vidéo :

www.sefa-bilingual.com/bonus

Accès gratuit avec le mot de passe:

français: **BDFR1527**

chinois: **BDZH3517**

Mon
plus beau rêve
我最美的梦乡
Wǒ zuì měi de mèngxiāng

Cornelia Haas · Ulrich Renz

français   bilingue   chinois

Lulu n'arrive pas à s'endormir. Tous les autres rêvent déjà – le requin, l'éléphant, la petite souris, le dragon, le kangourou, le chevalier, le singe, le pilote. Et le bébé lion. Même Nounours a du mal à garder ses yeux ouverts.

Eh Nounours, tu m'emmènes dans ton rêve ?

露露 睡 不 着 觉。她周围 的 一切都 已
Lùlu shuì bù zháo jiào. Tā zhōuwéi de yíqiè dōu yǐ

进入梦乡。 小 鲨鱼, 大象, 小 老鼠,
jìnrù mèngxiāng. Xiǎo shāyú, dàxiàng, xiǎo lǎoshǔ,

龙, 袋鼠, 骑士, 小猴, 宇航员, 还有
lóng, dàishǔ, qíshì, xiǎohóu, yǔhángyuán, háiyǒu

小 狮子。就是小熊 也是两 眼皮直
xiǎo shīzi. Jiù shì xiǎoxióng yě shì liǎng yǎnpí zhí

打架, 快 撑 不 住 了…
dǎjià, kuài chēng bú zhù le...

小熊, 带 我 一起去你的 梦乡, 好吗?
Xiǎoxióng, dài wǒ yíqǐ qù nǐ de mèngxiāng, hǎoma?

Tout de suite, voilà Lulu dans le pays des rêves des ours. Nounours attrape des poissons dans le lac Tagayumi. Et Lulu se demande qui peut bien vivre là-haut dans les arbres ?

Quand le rêve est fini, Lulu veut encore une aventure. Viens avec moi, allons voir le requin ! De quoi peut-il bien rêver ?

话音未落,露露就到了小熊的梦乡。小熊在塔嘎禹迷湖里钓鱼。

露露寻思着,这树上住的究竟是谁?从小熊的梦乡里出来,露露

还没玩够。来,我们一起去找小鲨鱼,看看它的梦乡里有什么。

Le requin joue à chat avec les poissons. Enfin, il a des amis ! Personne n'a peur de ses dents pointues.

Quand le rêve est fini, Lulu veut encore une aventure. Venez avec moi, allons voir l'éléphant ! De quoi peut-il bien rêver ?

小鲨鱼在和其他小鱼玩抓人游戏。小鲨鱼终于也有朋友了。

没人害怕它的尖牙了。从小鲨鱼的梦乡里出来,露露还没玩够。

来,我们一起去找大象,看看它的梦乡里有什么。

L'éléphant est léger comme une plume et il peut voler ! Dans un instant il va se poser dans la prairie céleste.

Quand le rêve est fini, Lulu veut encore une aventure. Venez avec moi, allons voir la petite souris. De quoi peut-elle bien rêver ?

大象竟然轻如羽毛,它还能飞!不久,大家都在天空草坪上登陆了。从大象的梦乡里出来,露露还没玩够。

来,我们一起去找小老鼠,看看它的梦乡里有什么。

La petite souris visite la fête foraine. Ce qui lui plaît le plus, ce sont les montagnes russes.

Quand le rêve est fini, Lulu veut encore une aventure. Venez avec moi, allons voir le dragon. De quoi peut-il bien rêver ?

小老鼠在游乐场里玩。它最喜欢的是过山车。

从小老鼠的梦乡里出来,露露还没玩够。

来,我们一起去找龙,看看它的梦乡里有什么。

Le dragon a soif à force de cracher le feu. Il voudrait boire tout le lac de limonade !
Quand le rêve est fini, Lulu veut encore une aventure. Venez avec moi, allons voir le kangourou. De quoi peut-il bien rêver ?

龙 喷火 喷 得 口渴 了。它 真 想 一口气 把 汽水湖 喝 干。
Lóng pēnhuǒ pēn de kǒukě le. Tā zhēn xiǎng yīkǒuqì bǎ qìshuǐhú hē gān.

从 龙 的 梦乡 里 出来,露露 还 没 玩 够。
Cóng lóng de mèngxiāng lǐ chūlái, Lùlu hái méi wán gòu.

来,我们 一起 去 找 袋鼠,看看 它 的 梦乡 里 有 什么。
Lái, wǒmen yìqǐ qù zhǎo dàishǔ, kànkan tā de mèngxiāng lǐ yǒu shénme.

Le kangourou sautille dans la fabrique de bonbons et remplit sa poche. Encore plus de ces bonbons bleus ! Et plus de sucettes ! Et du chocolat ! Quand le rêve est fini, Lulu veut encore une aventure. Venez avec moi, allons voir le chevalier ! De quoi peut-il bien rêver ?

袋鼠 在 糖果厂 里蹦达，它把胸前 的 袋子 塞得满满 的。再 多 拿点
Dàishǔ zài tángguǒchǎng lǐ bèngda, tā bǎ xiōngqián de dàizi sāi de mǎnmǎn de. Zài duō ná diǎn

蓝颜色 的 糖！还有 棒棒糖！ 还有 巧克力！从 袋鼠 的梦乡 里出来，
lányánsè de táng! Háiyǒu bàngbangtáng! Háiyǒu qiǎokèlì! Cóng dàishǔ de mèngxiāng lǐ chūlái,

露露还没 玩 够。来，我们 一起去找 骑士，看看 他的 梦乡 里有 什么。
Lùlu hái méi wán gòu. Lái, wǒmen yìqǐ qù zhǎo qíshì, kànkàn tā de mèngxiāng lǐ yǒu shénme.

Le chevalier a une bataille de gâteaux avec la princesse de ses rêves. Ouh-la-la, le gâteau à la crème a râté son but !

Quand le rêve est fini, Lulu veut encore une aventure. Venez avec moi, allons voir le singe ! De quoi peut-il bien rêver ?

骑士正和他心目中的美丽公主互相扔蛋糕玩。
Qíshì zhèng hé tā xīnmù zhōng de měilì gōngzhǔ hùxiāng rēn dàngāo wán.

哎呀,奶油蛋糕扔偏了。从骑士的梦乡里出来,露露还没玩够。
Āiyā, nǎiyóu dàngāo rēng piān le. Cóng qíshì de mèngxiāng lǐ chūlái, Lùlu hái méi wán gòu.

来,我们一起去找小猴子,看看它的梦乡里有什么。
Lái, wǒmen yìqǐ qù zhǎo xiǎohóuzi, kànkàn tā de mèngxiāng lǐ yǒu shénme.

Il a enfin neigé au pays des singes. Toute leur bande est en folie, et fait des bêtises.

Quand le rêve est fini, Lulu veut encore une aventure. Venez avec moi, allons voir le pilote ! Sur quel rêve a-t-il pu se poser ?

猴乡终于也下雪了。猴子们乐开了花。个个开始猴闹。

从猴子的梦乡里出来，露露还没玩够。

来，我们一起去找宇航员，看看他的梦乡里有什么。

Le pilote vole et vole. Jusqu'au bout du monde, et encore au delà, jusqu'aux étoiles. Jamais aucun pilote ne l'avait fait.

Quand le rêve est fini, ils sont déjà tous très fatigués, et n'ont plus trop envie d'aventures. Mais quand même, ils veulent encore voir le bébé lion. De quoi peut-il bien rêver ?

宇航员飞呀飞,飞到了世界的尽头。还继续往前,飞到了星星上。以前可还没人能飞得那么远呢。从宇航员的梦乡里出来,大家都累了,不想再玩了。但是还有小狮子呢。它的梦乡里又有什么呢?

Le bébé lion a le mal du pays, et voudrait retourner dans son lit bien chaud et douillet.
Et les autres aussi.

Et voilà que commence …

小 狮子想家 了。它想 回到 它热呼呼的被窝 里。

Xiǎo shīzi xiǎngjiā le. Tā xiǎng huídào tā rèhūhū de bèiwō lǐ.

大家 也 都 开始 想家 了。

Dàjiā yě dōu kāishǐ xiǎngjiā le.

于是。。。

Yúshì ...

... le plus beau rêve
de Lulu.

。。。露露

... Lùlu

走进 了她最 美丽 的梦乡。

zǒujìn le tā zuì měilì de mèngxiāng.

Ulrich Renz • Marc Robitzky

Les cygnes sauvages

野天鹅

Yě tiān'é

Traduction:

Martin Andler (français)

Isabel Zhang (chinois)

Livre audio et vidéo :

www.sefa-bilingual.com/bonus

Accès gratuit avec le mot de passe:

français: **WSFR1527**

chinois: **WSZH3517**

Ulrich Renz · Marc Robitzky

Les cygnes sauvages

野天鹅 · Yě tiān'é

D'après un conte de fées de
Hans Christian Andersen

français — bilingue — chinois

Il était une fois douze enfants royaux — onze frères et une sœur ainée, Elisa. Ils vivaient heureux dans un magnifique château.

很久 很久 以前、有 十二个 国王 的孩子 — 十一个 兄弟 和
Hěnjiǔ hěnjiǔ yǐqián, yǒu shí'èrgè guówáng de háizǐ — shíyīgè xiōngdì hé

一个姐姐, 爱丽萨。他们 幸福 地 生活 在 一座 美丽的 宫殿 里。
yīgè jiějiě, Àilìsà. Tāmén xìngfú de shēnghuó zài yīzuò měilì de gōngdiàn lǐ.

Un jour, la mère mourut, et après un certain temps, le roi se remaria. Mais la nouvelle épouse était une méchante sorcière. Elle changea les onze princes en cygnes et les envoya dans un pays éloigné, au delà de la grande forêt.

有一天,母亲去世了。不久后,国王又结婚了。新王后是
Yǒu yītiān, mǔqīn qùshìle. Bù jiǔ hòu, guówáng yòu jiéhūnle. Xīn wánghòu shì

一个恶毒的巫婆。她用魔法把十一个王子变成了天鹅,
yīgè èdú de wūpó. Tā yòng mófǎ bǎ shíyīgè wángzǐ biànchéng le tiān'é,

然后把他们送到了大森林那边一个遥远的国家。
ránhòu bǎ tāmén sòng dào le dà sēnlín nàbiān yīgè yáoyuǎn de guójiā.

Elle habilla la fille de haillons et enduisit son visage d'une pommade répugnante, si bien que son propre père ne la reconnut pas et la chassa du château. Elisa courut vers la sombre forêt.

她给女孩穿上了破烂的衣服,脸上
Tā gěi nǚhái chuān shàng le pòlàn de yīfú, liǎnshàng

抹着丑陋的药膏,以至于女孩的父亲
mǒzhe chǒulòu de yàogāo, yǐ zhìyú nǚhái de fùqīn

没有认出她而把她赶出了宫殿。
méiyǒu rènchū tā ér bǎ tā gǎn chū le gōngdiàn.

爱丽萨跑进了黑暗的森林里。
Àilìsà pǎojìn le hēiàn de sēnlín lǐ.

Elle était alors toute seule et ses frères lui manquaient terriblement au plus profond de son âme. Quand le soir vint, elle se confectionna un lit de mousse sous les arbres.

现在 她独自一人，心灵 深处
Xiànzài tā dúzì yīrén, xīn líng shēnchǔ

十分 想念 失踪 的兄弟们。
shífēn xiǎngniàn shīzōng de xiōngdìmén.

天 黑了，她在 树下 铺了
Tiān hēi le, tā zài shùxià pū le

一张 青苔 床。
yīzhāng qīngtái chuáng.

Le lendemain matin, elle arriva à un lac tranquille et fut choquée de voir son reflet dans l'eau. Une fois lavée, cependant, elle redevint le plus bel enfant royal sous le soleil.

第二天 清晨， 她来到 一个安静 的湖边。
Dì'èr tiān qīngchén, tā láidào yīgè ānjìng de húbiān.

当 她看见 水中 自己的 倒影 时，
Dāng tā kànjiàn shuǐzhōng zìjǐ de dǎoyǐng shí,

她很 吃惊。不过, 当 她洗浴之后,
tā hěn chījīng. Bùguò, dāng tā xǐyù zhīhòu,

她又 是 天下 最美丽 的 公主 了。
tā yòu shì tiānxià zuì měilì de gōngzhǔ le.

Après de nombreux jours, elle arriva à la grande mer. Sur les vagues dansaient onze plumes de cygnes.

许多天 之后，爱丽萨来到 了
Xǔduō tiān zhīhòu, Àilìsà láidào le

大海 边。波浪 上 漂荡 着
dàhǎi biān. Bōlàng shàng piāodàng zhe

十一片 天鹅 的羽毛。
shíyī piàn tiān'é de yǔmáo.

Au coucher du soleil, il y eut un bruissement dans l'air, et onze cygnes sauvages se posèrent sur l'eau. Elisa reconnut tout de suite ses frères ensorcelés. Mais comme ils parlaient la langue des cygnes, elle ne pouvait pas les comprendre.

当 太阳 下 山 时,空中 传来 一片 噪声, 十一只 野天鹅
Dāng tàiyáng xià shān shí, kōngzhōng chuánlái yīpiàn zàoshēng, shíyīzhī yě tiān'é

降落 在海面 上。爱丽萨马上 认出 了被施了魔法 的 兄弟们。
jiàngluò zài hǎimiàn shàng. Àilìsà mǎshàng rènchū le bèi shī le mófǎ de xiōngdìmen.

不过,因为 他们 说着 天鹅 的 语言,她无法听懂。
Búguò, yīnwéi tāmen shuōzhe tiān'é de yǔyán, tā wúfǎ tīngdǒng.

Chaque jour, les cygnes s'envolaient au loin, et la nuit, les frères et sœurs se blottissaient les uns contre les autres dans une grotte.

Une nuit, Elisa fit un rêve étrange : sa mère lui disait comment racheter ses frères. Elle devrait tricoter une chemise d'orties à chacun des cygnes et les leur jeter dessus. Mais avant d'en être là, il ne fallait pas qu'elle prononce un seul mot : sinon ses frères allaient mourir.
Elisa se mit au travail immédiatement. Et bien que ses mains lui brûlaient comme du feu, elle tricotait et tricotait inlassablement.

白天，天鹅飞走了，晚上 他们 就相拥 在 一个 山洞 里。
Báitiān, tiān'é fēizǒu le, wǎnshàng tāmén jiù xiāngyōng zài yīgè shāndòng lǐ.

一天 夜晚，爱丽萨做了一个奇怪 的 梦： 她母亲 告诉 她，
Yītiān yèwǎn, Àilìsà zuò le yīgè qíguài de mèng : tā mǔqīn gàosù tā,

怎样 才能 搭救她的兄弟们。 爱丽萨要 用 荨麻 给 每只
zěnyàng cái néng dājiù tā de xiōngdìmen. Àilìsà yào yòng qiánmá gěi měizhī

天鹅 织一件 小 衬衫， 然后 披在他们 的身上。 但是，
tiān'é zhī yījiàn xiǎo chènshān, ránhòu pīzài tāmén de shēnshàng. Dànshì,

直到 那时，她不许说 一句话，否则 她的 兄弟们 就 会死去。
zhí dào nàshí, tā bùxǔ shuō yíjù huà, fǒuzé tā de xiōngdìmén jiù huì sǐqù.

爱丽萨马上 开始 了工作。 虽然 她的 手 像 火燎 一样，
Àilìsà mǎshàng kāishǐ le gōngzuò. Suīrán tā de shǒu xiàng huǒliáo yīyàng,

她还是 不知 疲倦 地 编织。
tā háishì bùzhī píjuàn de biānzhī.

Un jour, des cornes de chasse se firent entendre au loin. Un prince, accompagné de son entourage, arriva à cheval et s'arrêta devant elle. Quand leurs regards se croisèrent, ils tombèrent amoureux.

有一天，远处 响起 打猎的 号角。
Yǒu yītiān, yuǎnchǔ xiǎngqǐ dǎliè de hàojiǎo.

一个王子 和他的 侍从 骑马 过来，
Yīgè wángzǐ hé tā de shìcóng qímǎ guòlái,

不一会儿便 站 在了她的 面前。
bù yīhuìér biàn zhàn zài le tā de miànqián.

当 两个 人看 着 对方 的 眼睛 时，
Dāng liǎnggè rén kàn zhe duìfāng de yǎnjīng shí,

他们 彼此相爱 了。
tāmén bǐcǐ xiāngài le.

Le prince prit Elisa sur son cheval et l'emmena dans son château.

王子 把 爱丽萨 托上 马,
Wángzǐ bǎ Àilìsà tuōshàng mǎ,

和她 一起 骑回了他的王宫。
hé tā yīqǐ qíhuí le tā de wánggōng.

Le très puissant trésorier fut loin d'être content de l'arrivée de cette beauté muette : c'était sa fille à lui qui devait devenir la femme du prince !

这个 沉默 美人 的 到来 让 强势
Zhège chénmò měirén de dàolái ràng qiángshì
的 司库很 不愉快。他自己 的 女儿才
de sīkù hěn bù yúkuài. Tā zìjǐ de nǚér cái
应该 成为 王子 的 新娘。
yīnggāi chéngwéi wángzǐ de xīnniáng.

Elisa n'avait pas oublié ses frères. Chaque soir, elle poursuivait son travail sur les chemises. Une nuit, elle alla au cimetière pour cueillir des orties fraîches. Le trésorier l'observa en cachette.

爱丽萨没有 忘记 她的 兄弟们。
Àilìsà méiyǒu wàngjì tā de xiōngdìmen.

每天 晚上 她继续 编织 小 衬衫。
Měitiān wǎnshàng tā jìxù biānzhī xiǎo chènshān.

一天夜晚, 她到 墓地去 采集新鲜 的 荨麻。
Yītiān yèwǎn, tā dào mùdì qù cǎijí xīnxiān de qiánmá.

此时司库 偷偷 地观察 着她。
Cǐshí sīkù tōutōu de guānchá zhe tā.

Dès que le prince partit à la chasse, le trésorier fit enfermer Elisa dans le donjon. Il prétendait qu'elle était une sorcière qui se réunissait avec d'autres sorcières la nuit.

王子 刚刚 出去 打猎，司库就把
Wángzǐ gānggāng chūqù dǎliè, sīkù jiù bǎ

爱丽萨扔进了地牢。
Àilìsà rēngjìn le dìláo.

他声称，她是 一个巫婆，在夜晚
Tā shēngchēng, tā shì yīgè wūpó, zài yèwǎn

和 其他的 巫婆 会面。
hé qítā de wūpó huìmiàn.

Au petit matin Elisa fut emmenée par les gardes. Elle devait être brûlée sur la place du marché.

天刚蒙蒙亮,卫兵就把
Tiān gāng mēngmēng liàng, wèibīng jiù bǎ
爱丽萨带了出来,他们要在市政
Àilìsà dài le chūlái, tāmen yào zài shìzhèng
广场烧死她。
guǎngchǎng shāosǐ tā.

A peine y fut-elle arrivée qu'onze cygnes arrivèrent en volant.
Elisa, très vite, jeta une chemise d'orties sur chacun d'eux.
Bientôt, tous ses frères étaient devant elle en forme humaine.
Seul le plus petit, dont la chemise n'était pas terminée, avait
encore une aile à la place d'un bras.

她还没有到达那儿,突然飞来十一只白天鹅。爱丽萨迅速将荨麻衬衫抛到每个天鹅的身上。很快她的兄弟们都现出了人形,站在她面前。只有最小的还有一只翅膀,因为他的衬衫还没有完全织好。

Les frères et la sœur étaient encore en train de s'étreindre et de s'embrasser quand le prince revint. Elisa put enfin tout lui expliquer. Le prince fit jeter le méchant trésorier dans le donjon. Après quoi, le mariage fut célébré pendant sept jours.

Et ils vécurent heureux et eurent beaucoup d'enfants.

当 王子 回来 时,兄弟 姐妹们 还没 亲热够呢。爱丽萨
Dāng wángzǐ huílái shí, xiōngdì jiěmèimen hái méi qīnrè gòu ne. Àilìsà

终于 向 他解释了一切。王子 把恶毒 的 司库 投进了地牢。
zhōngyú xiàng tā jiěshì le yíqiē. Wángzǐ bǎ èdú de sīkù tóujìn le dìláo.

随后 庆祝 了七天 的 婚礼。
Suíhòu qìngzhù le qī tiān de hūnlǐ.

从此 以后,他们 过着 幸福 快乐 的 日子。
Cóngcǐ yǐhòu, tāmen guòzhe xìngfú kuàilè de rìzi.

Hans Christian Andersen

Hans Christian Andersen est né en 1805 dans la ville danoise d'Odense et est mort en 1875 à Copenhague. Avec ses contes de fées tels que « La Petite Sirène », « Les Habits neufs de l'empereur » ou « Le Vilain Petit Canard », il s'est fait connaitre dans le monde entier. Ce conte-ci, « Les cygnes sauvages », a été publié en 1838. Il a été traduit en plus d'une centaine de langues et adapté pour une large gamme de médias, y compris le théâtre, le cinéma et la comédie musicale.

Barbara Brinkmann est née à Munich en 1969 et a grandi dans les contreforts bavarois des Alpes. Elle a étudié l'architecture à Munich et est actuellement associée de recherche à la Faculté d'architecture de l'Université technique de Munich. En outre, elle travaille en tant que graphiste, illustratrice et écrivaine indépendante.

Cornelia Haas est née en 1972 à Ichenhausen près d'Augsbourg. Après une formation en apprentissage de fabricant d'enseignes et de publicités lumineuses, elle a fait des études de design à l'université de sciences appliquées de Münster où elle a obtenu son diplôme. Depuis 2001, elle illustre des livres pour enfants et adolescents, depuis 2013, elle enseigne la peinture acrylique et numérique à la à l'université de sciences appliquées de Münster.

Marc Robitzky, né en 1973, a fait ses études à l'école technique d'art à Hambourg et à l'académie des arts visuels à Francfort. Il travaille comme illlustrateur indépendant et graphiste à Aschaffenburg (Allemagne).

Ulrich Renz est né en 1960 à Stuttgart (Allemagne). Après des études de littérature française à Paris, il fait ses études de médecine à Lübeck, puis dirige une maison d'édition scientifique et médicale. Aujourd'hui, Renz écrit des essais et des livres pour enfants et adolescents.

Tu aimes dessiner ?

Voici les images de l'histoire à colorier :

www.sefa-bilingual.com/coloring

www.ingramcontent.com/pod-product-compliance
Lightning Source LLC
LaVergne TN
LVHW070447080526
838202LV00035B/2762